ARRESTS
DV CONSEIL
D'ESTAT DV ROY,

portant reglement general pour le payement des Rentes conſtituées ſur l'Hoſtel de la Ville de Paris.

Regiſtrez en Parlement le vingt-ſixieſme Iuillet mil ſix cens quarente-neuf.

A PARIS,

Chez P. ROCOLET, Imprimeur & Libraire ordinaire du Roy, & de la Maiſon de Ville; au Palais, aux Armes du Roy & de la Ville.

M. DC. XLIX.

Auec Priuilege de ſa Majeſté.

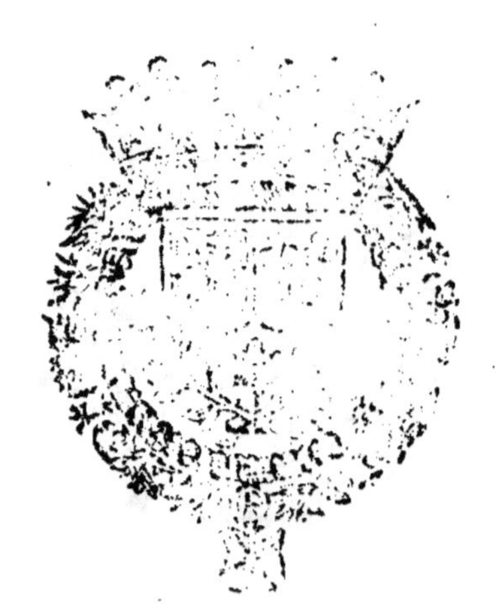

EXTRAICT DES REGISTRES
du Conseil d'Estat.

Vr ce qui a esté representé au Roy estant en son Conseil par les Preuost des Marchands & Escheuir; de la Ville de Paris, Que le fonds des Huict millions de liures des Rentes, constituées sur les Tailles, Petites Rentes, & Receptes Generales, estant assignées sur les Generalitez d'Orleans & Moulins, les Receueurs & Payeurs d'icelles ont fait iusques à present toutes les diligences necessaires pour le recouurement des deniers, tant contre les Receueurs Generaux & Particuliers desdites Generalitez, que contre ceux qui en ont esté chargez; Neantmoins, quoy que par la Declaration du 22. Octobre dernier, lesdites Rentes doiuent estre payées de deux quartiers, lesdits recouuremens sont si peu aduancez, qu'il ne se trouue pas fonds pour faire ouurir le quartier de Ianuier 1648. ce qui prouient de la remise & descharge faite du Cinquiéme sur les Impositions desdites Generalitez pour ladite année 1648. & des desordres causez par les mouuemens derniers, qui ont empesché l'execution des Traittez qui auoient esté faits pour le-

A ij

dit recouurement, & particulierement celuy de ladite
Generalité de Moulins, auquel le nommé Belin a esté
subrogé. REQVEROIENT, attendu que les Proprietaires desdites Rentes font des pourfuites & inftances
extraordinaires pour le payement, tant dudit quartier de Ianuier 1648. que des reftes des precedens, mef-
mes de celuy de Ianuier de la prefente année, en con-
fequence de ladite Declaration, dont ils demandent
l'execution, qu'il pleuft à fa Maiefté y pouruoir,
pour arrefter le cours defdites pourfuites : & ce fai-
fant que ledit Belin, & autres chargez defdits recouuremens, feront contraints au payement des fommes
neceffaires pour lefdites Rentes : VEV ladite Decla-
tion & l'Arreft de fubrogation dudit Belin. SA
MAIESTE' ESTANT EN SON CONSEIL,
la Reine Regente fa Mere prefente, a ordonné & ordonne que ledit Belin fera contraint comme pour
les deniers & affaires de fadite Maiefté, à fournir
& mettre entre les mains des Receueurs & Payeurs
defdites Rentes, le fonds du quartier de Ianuier de
ladite année 1648. pour eftre ledit quartier ouuert au
quinziéme du prefent mois, & iceluy payé & conti-
nué dudit fonds par lefdits Payeurs : & pour ces effet
feront les quittances inceffamment prifes, en forte
que ledit quartier puiffe eftre entierement acheué au
dernier Avril prochain : & au premier dudit mois
d'Avril prochain, l'ouuerture des payemens fera faite
du premier quartier de la prefente année 1649. pour
lequel, enfemble du deuxiéme, fuiuant ladite Dec-
claration; le fonds fera faite de net dans les Eftats qui

s'expedis'expediront pour ladite presente année sur les deniers, tant des Receptes Generales des Finances, que du Taillon desdites Generalitez, sans qu'ils puissent estre diuertis ny employez à aucun autre effet; & au cas qu'ils ne se trouuent suffisans pour lesdits deux quartiers, sadite Maisté pouruoira d'vn autre fonds pour ce qui s'en defaudra: Et sera tenu ledit Belin, faire les submissions à l'Hostel de Ville, pour l'execution de ce que dessus en la forme ordinaire & accoustumée. FAIT au Conseil d'Estat du Roy, tenu à Compiegne, le dixiéme iour de Iuillet mil six cens quarante-neuf. Signé, PHELIPEAVX. *Et plus bas est escrit*, Registré pour estre executé selon sa forme & teneur, suiuant l'Arrest de la Cour de ce iour. A Paris en Parlement le 26. Iuillet 1649. Signé, DV TILLET.

Extraict des Registres du Conseil d'Estat.

SVR la Requeste presentée au Roy en son Conseil par Estienne Reuert Bourgeois de Paris, Contenant qu'encores que par le Traitté qu'il a fait auec les sieurs Preuost des Marchands & Escheuins, pour le recouurement des deniers imposez l'année 1648 en la Generalité de Moulins, destinez pour le payement des Rentes des Huict millions sur les Tailles, il d'eust estre employé dans l'Estat de sa Maiesté expedié pour la distribution des Finances de ladite Generalité de ladite année, la somme de Douze cens mil liures pour

B

le payement defdites Rentes; fur laquelle ledit Reuert eftoit tenu payer la fomme de Huiɕt cens dix mil liures: Nçantmoins il fe trouue n'en auoir efté employé dans ledit Eftat que la fomme de Vnze cens quarante mil liures, pour lequel manque de fonds, & pour autres empefchemens mentionnez en ladite Requefte; Requeroient qu'il pleuft à fa Maiefté le defcharger dudit Traitté, ou en tout cas, iceluy moderer à la fomme de Sept cens cinquante mil liures, attendu le manque de fonds de la fomme de Soixante mil liures, fans s'arrefter à l'Arreft dudit Confeil du 3. du prefent mois, portant fubrogation dudit Traitté, au profit de Maiftre Antoine Belin, dont il demeurera defchargé: Veu ladite Requefte, communiquée audit Belin: L'accord & conuentions faits entre lefdits Reuert & Belin, leurs cattions & affociez; contenant entr'autres chofes la promeffe faite par Belin de faire par luy & fefdites cautions, fubmiffion de payer les Soixante mil liures qui feront diminuez dudit Traitté, fur le fonds qui luy fera fait par fa Maiefté: enfemble ce qu'il conuiendra pour l'entier payement d'vn quartier defdites Rentes: Le Traitté fait par ledit Reuert auec lefdits Preuoft des Marchands & Efcheuins le 18. Féurier 1648. L'Eftat de fa Majefté expedié en ladite année pour ladite Generalité : L'Arreft du Confeil dudit iour 3. Iuillet, oüy fur ce lefdits Preuoft des Marchands & Efcheuins ; lefdits Reuert & Belin, le rapport du Commiffaire à ce deputté. SA MAIESTE' EN SON CONSEIL a defchargé & defcharge ledit Belin de la fubrogation à luy accordée

par ledit Arreſt : A ordonné & ordonne que ledit
Reuert, ſuiuant les ordres des Preuoſt des Marchands
& Eſcheuins, payera la ſomme de Sept cens cinquante mil liures, à laquelle ſadite Maieſté a moderé le for-
fait de ſon Traitté, au lieu de celle de Huiċt cens dix
mil liures à quoy il eſtoit obligé par iceluy ; & pour
cet effet les cautions par luy fournies, feront leurs
ſubmiſſions au Greffe de l'Hoſtel de Ville, de payer
ladite ſomme de Sept cens cinquante mil liures pour
eſtre employée au payement du quartier de Ianuier
de ladite année 1648. des Rentes des Huiċt millions
ſur les Tailles, Petites Rentes, celles de Payen, &
Receptes Generales, en ſorte qu'il ſoit acquité dans le
premier iour de May de l'année prochaine. Et parce
que ladite ſomme de Sept cens cinquante mil liures
n'eſt ſuffiſante pour payer ledit quartier, ledit Belin
& ſes cautions feront tenus faire leurs ſubmiſſions au
Greffe de ladite Ville, de payer le ſurplus dudit quartier, ſur le fonds à luy fourny par ſa Maieſté. FAIT
au Conſeil d Eſtat du Roy, tenu à Paris le 15. Iuillet
1649. Signé, BOVER. *Et plus bas eſt encore
eſcrit*, Regiſtré, pour eſtre executé ſelon ſa forme &
teneur, ſuiuant l'Arreſt de la Cour de ce iour. A Paris
en Parlement le 26. Iuillet 1649. Signé, DV TILLET.

Extraict des Regiſtres du Conſeil d'Eſtat.

SVR ce qui a eſté repreſenté au Roy eſtant en ſon Conſeil, la Reine Régente ſa Mere preſente, par les Preuoſt des Marchands & Eſcheuins de la Ville de Paris, Qu'encore que par la Declaration de ſa Majeſté du 22. Octodre dernier, les Rentes de ladite Ville, aſſignées ſur les Aydes de France, doiuent eſtre payées de deux quartiers & demy pendant la guerre: Neantmoins outre le recullement de pluſieurs années d'icelles, le fonds deſdits deux quartiers & demy n'a pas eſté fait entierement dans l'eſtat de ladite Ferme, de l'année 1648. & particulierement pour les anciennes qui ne s'y trouuent employées que pour deux quartiers ſeulement ; duquel fonds les Receueurs & Payeurs deſdites Rentes n'ont pû tirer aucune choſe des Fermiers deſdites Aydes, depuis le mois de Ianuier dernier, ſous pretexte des mouuemens derniers: en conſequence deſquels ils pretendent n'auoir ioüy de ladite Ferme, & ainſi les quartiers de Ianuier 1630. des anciennes deſdites Rentes, & le quartier d'Octobre 1644. des nouuelles, qui n'auoient eſté ouuerts, ne peuuent eſtre acheuez de payer, ny les quartiers ſuiuans commencez au preiudice des Rentiers, leſquels en font iournellement de grandes inſtances auſdits Preuoſt des Marchands & Eſcheuins, dans l'Hoſtel de ladite Ville. Requeroient qu'il pleuſt à ſa Maieſté ordonner auſdits Fermiers de payer inceſſamment entre les mains deſdits Payeurs les ſommes neceſſaires pour le paye-

le payement , tant du reste desdits quartiers ouuerts,
que ceux à ouurir, nonobstant leurs pretentions: ou en
tout cas de côtinuer à payer par chacune semaine, ainsi
qu'ils ont fait iusques audit mois de Ianuier dernier; &
à ce faire contraints comme pour les deniers de sa Majesté. Veu ladite Declaration , & apres auoir mandé
audit Conseil maistre Adrian Montagne , Fermier
desdites Aydes & ses cautions, pour estre oüys sur ledit retardement: lesquels ont remonstré que depuis
le premier Ianuier 1642. iusques au 8. Ianuier 1649.
qu'ils ont administré ladite Ferme, ils ont si ponctuel-
lement payé lesdites Rentes de semaine en semaine,
qu'ils ne doiuent audit iour huictiéme Ianuier, que
la somme de Quatre vingts-deux mil six cens quatre
vingts-vne liure sept sols : Mais que durant l'année
1648. & la premiere demie année 1649. il est arriué de
si notables accidens & changemens en ladite Ferme,
qu'il leur a esté impossible de continuer lesdits payemens; d'autant que les Peuples ayant eu l'esperance
d'estre deschargez des droicts compris en leur bail, à
la priere des Compagnies Souueraines, ils n'en ont
voulu payer aucune chose : Que sa Maieste ayant par
sa Declaration du 22 Octobre dernier, supprimé les
vingt sols appellez de Maubouge, les droicts de Con-
troolle du papier & des bieres, & la Subuention du
pied fourché de Paris, qui tenoient lieu de Douze cens
mil liures par an audit Bail, les Sous Fermiers se sont
pourueus en la Cour des Aydes, & ont obtenu de
notables surceances, tant à cause de ladite suppression,
que des non ioüyssances par eux pretenduës; Qu'au

C

moyen des troubles & mouuemens suruenus depuis
le 6. Ianuier 1649. ledit Montagne & ses Sous-Fermiers
n'ont pû receuoir le quartier d'Octobre 1648. qui n'e-
stoit payable qu'en Féurier 1649. ny faire aucun exer-
cice ny perquisition des droicts de ladite Ferme durant
les mois de Ianuier, Féurier, Mars, Avril & May derniers, qui sont entierement perdus, & qui encores à
present les Tauerniers & autres redeuables de Paris &
des autres lieux à leur exemple, sont refusans de payer
lesdits droicts ; ce qu'il auroit dénoncé ausdits Preuost
des Marchands & Escheuins : lesquels s'estans pourueus à la Cour des Aydes pour obtenir main leuée desdites surceances par elle données ausdits Sous-Fermiers, & faire dire que lesdits Tauerniers & autres redeuables de cette Ville, seroient contraints au payement de ce qu'ils doiuent ; ce qu'ils n'ont pû obtenir
iusques à present ; Que pendant les troubles & mouuemens, les Generaux & Chefs des trouppes ont pris
enuiron Trois cens mil liures des deniers de ladite Ferme, tant en Normandie, Touraine, que Poictou, &
que les Peuples font difficulté de payer les droicts de
ladite Ferme, en tous les lieux où lesdites Aydes ont
cours, mesme en cette Ville de Paris : De sorte qu'il
se trouue luy estre deub par ses Sous-Fermiers plus de
Trois millions de liures, tant de l'année 1648. que de
la presente, dont il ne peut receuoir aucune chose, s'il
n'y est pourueu par sa Majesté, & que par son authori-
té les redeuables de Paris soient contraints au payement de ce qu'ils doiuent ; Comme aussi que le regalement desNeuf cens mil liures accordez aux Sous-Fer-

miers par ſadite Majeſté, pour leurs pretenduës pertes & non iouÿſſances, ne ſoit fait : Dautant qu'il ne peut auoir rien de liquide côtre leſdits Sous-Fermiers, qu'a-pres ledit regalement, & iuſques à ce, qu'il luy eſt du tout impoſſible d'ouurir le payement deſdites Rentes. Et pour faire voir qu'il ne manque pas de volonté pour ſatisfaire auſdits payemens, offroit (à l'exemple de ce qui fut fait en l'année 1633. auec beaucoup moins de raiſon) de bailler preſentement auſdits ſieurs Preuoſt des Marchands & Eſcheuins, des aſſignations ſur leſdits Sous-Fermiers & autres redeuables, iuſqu'à la concurrence des ſommes par eux demandées : Tout conſideré, SA MAIESTE' ESTANT EN SON CONSEIL, la Reine Regente ſa Mere preſente, & en attendant le reſtabliſſement de ladite Ferme, & que le fonds deſdites Rentes y puiſſe eſtre pris conforme-ment à ladite Declaration, A ordonné & ordonne que leſdits Fermiers payeront entre les mains deſdits Re-ceueurs & Payeurs des Rentes, la ſomme de Vingt mil liures par chacune ſemaine, à commancer au premier Aouſt prochain, pour eſtre par eux employée au paye-ment du reſte deub deſdits quartiers d'Octobre 1644. des nouuelles Rentes, & de Ianuier 1630. des anciennes, ſans aucun diuertiſſement, & que le fonds du quartier d'Avril 1645. deſdites nouuelles, & du quartier de Iuil-let 1630. des anciennes, gages, taxations des Officiers, eſpices & façons de comptes: ſera encore payé & four-ny par leſdits Fermiers, entre les mains deſdits Rece-ueurs & Payeurs par chacune ſemaine, ainſi qu'il a eſté fait iuſques audit iour premier de Ianuier dernier, à

raiſon de Trente-trois mil   par chacune
d'icelles, à commencer pour leſdites Rentes nouuelles au 5. Octobre, & pour les anciennes au premier Nouembre prochain, pour eſtre employez au payemens deſdits quartiers: pour leſquels ſeront les quittances priſes: ſçauoir, pour les nouuelles au 5. Septembre, & pour les anciennes au premier Octobre, & ſera fait fonds à l'aduenir de deux quartiers & demy pour les anciennes Rentes, ainſi que pour les nouuelles par chacun an: Et pour le regard des quartiers de Ianuier mil ſix cens quarante-cinq, deſdites nouuelles Rentes, & d'Avril 1630. des anciennes ; pour leſquelles il ne ſe trouue à preſent fonds ſur ladite Ferme, au moyen des non ioüyſſances d'icelle. Ordonne ſadite Majeſté que le remplacement en ſera fait ſur les deniers de ladite Ferme des années prochaines 1650. & 1651. par moitié, & que chacune des ſemaines en ſera d'autant augmentée, à commencer au premier iour de Iuillet de ladite année 1650. & continuër iuſques au dernier Iuin 1651. pour eſtre le payement deſdits quartiers fait auec ceux qui ſont ouuerts audit temps ſans interruption d'iceux: & ſeront tenus leſdits Fermiers faire pour l'execution de ce que deſſus leurs ſubmiſſions à l'Hoſtel de Ville en la maniere accouſtumée. FAIT au Conſeil d'Eſtat du Roy, ſa Majeſté y eſtant, la Reine Regente ſa Mere preſente, tenu à Compiegne le 10. iour de Iuillet 1649. Signé, PHELIPEAVX. *Et plus bas eſt eſcrit*, Regiſtré, pour eſtre executé ſelon ſa forme & teneur, ſuiuant l'Arreſt de ce iour. A Paris en Parlement le 26. Iuillet 1649. Signé, DV TILLET.

Extraict

Extraict des Registres du Conseil d'Estat.

SVR ce qui a esté representé au Roy en son Conseil, la Reyne Regente sa Mere presente, par les Preuost des Marchands & Escheuins de la ville de Paris, Que les rentes de ladite ville tant anciennes que nouuelles assignées sur les Gabelles s'estant trouué reculées de plusieurs années, sa Majesté en auroit par sa declaration du vingt-deuxiesme Octobre dernier, ordonné deux quartiers & demy pendant la guerre seulement par preference à la partie de l'Espargne, & quoy que les adjudicataires desdites Gabelles ayant esté obligez en execution de ladite declaration, de fournir aux Receueurs & Payeurs desdites rentes le fonds necessaire pour lesdits deux quartiers & demy. bien esloignez d'y satisfaire & d'augmenter le payement de quatre-vingts huict mil huict cens vnze liures douze sols qu'ils faisoient par chacune semaine auparauant ladite declaration, ils l'ont discontinué depuis le mois de Ianuier dernier sous pretexte des derniers mouuemens, & n'ont commencé que depuis enuiron vn mois ou six semaines à payer quarante mil liures par semaine seulement, ce qui n'est à beaucoup prés suffisant pour payer ce qui est deub de reste du quartier de Ianuier mil six cens quarante-vn, desdites anciennes rentes, & du quartier d'Octobre mil six cens quarante-quatre, des nouuelles & des precedentes, en sorte que les quartiers suiuans qui deuroient estre payez ne se peuuent ouurir contre l'intention de ladi-

D

re declaration, ce qui oblige les Rentiers à faire de grandes pourfuittes à l'Hoftel de Ville pour demander ledit payement. Requeroient qu'il pleuft à fa Majefté y
pouruoir, & ordonner que lefdits Adjudicataires des
Gabelles, conformément à ladite Declaration, payeront prefentement ce que eft deub de refte des arrerages defdites rentes dés quartiers de Ianuier 1641. pour
les anciennes, & d'Octobre 1644. pour les nouuelles,
enfemble des precedens : Comme auffi le fonds necef-
faire pour ouurir & payer les quartiers fuiuans, efcheus
iufques à prefent : & à ce faire qu'ils feront contraints
comme pour les deniers de fa Majefté : Veu ladite Declaration, & apres auoir confideré l'eftat auquel la Ferme defdites Gabelles eft prefentement, & le peu de
recepte qui fe fait des droicts d'icelles par lefdits Adjudicataires, à caufe des ventes forcées des Sels qui
eftoient dans les Greniers & du faux faunage, & que
la plufpart des particuliers font tellement fournis de
Sel, qu'ils n'en prennent plus dans lefdits Greniers,
ainfi qu'il fe iuftifie par les certificats des Officiers de
plufieurs defdits Greniers. SA MAIESTE'
ESTANT EN SON CONSEIL, la Reine
Regente fa Mere prefente, en attendant que ladite
Ferme des Gabelles foit reftablie, & qu'elle ait reprimé
les defordres qui font en icelle, A ordonné & ordonne qu'à commencer au premier iour d'Octobre prochain, lefdits Adjudicataires des Gabelles payeront
entre les mains defdits Receueurs & Payeurs des rentes par chacune femaine la fomme de Quatre vingts-
huict mil huict cens vnze liures douze fols, ainfi qu'ils

ont faitiufqu'au' mois de Ianuier dernier, fur le pied
de deux quartiers & demy des rentes & gages en douze
mois; pour eftre ladite ladite fomme employee au
payement du quartier de Iuillet 1641. des anciennes
rentes affignees fur lefdites Gabelles, & du quartier
d'Avril 1645. des nouuelles, gages, taxations d'Officiers,
efpices & façon de compte: Defquels quartiers feront
pour cet effet les quittances prife au premier Septembre prochain: & cependant continuëront lefdits Adjudicataires, le payement defdits Quarante mil liures,
qu'ils font prefentement, par chacune femaine, ainfi
qu'il leur a efté ordonné, pour feruir à payer & acquitter par lefdits Payeurs, les reftes deubs du quartier de
Ianuier 1641. defdites anciennes rentes, & du quartier d'Octobre 1644. des nouuelles: & pour le regard
du quartier d'Auril de ladite annnée 1641. defdites anciennes rentes; & du quartier de Ianuier 1645. defdites nouuelles, ny ayant fonds fuffifant pour iceux l'année prefente fur ladite Ferme des Gabelles. Veut fadite Majefté qu'il foit remplacé és années fuiuantes 1650.
& 51. par moitié: & que ledit fonds foit augmenté par
lefdits Adjudicataires fur chacune des femaines qui
commenceront au premier Iuillet de ladite année 1650
& continuëront iufques au dernier Decembre 651. ef-
galement; pour eftre ledit fonds diftribué aufdits rentiers, auec celuy des autres quartiers qui feront ouuerts
audit temps fans aucune interruption ny diminution
d'iceux. FAIT au Confeil d'Eftat du Roy, fa Majefté
y eftant, la Reine Regente fa Mere prefente, tenu à
Compiegne le dixiéme iour de Iuillet mil fix cens qua-

rante-neuf. Signé, PHELIPEAVX. Et plus bas
est encore escrit, Regiſtré, pour eſtre excuté ſelon ſa
forme & teneur, ſuiuant l'Arreſt de ce iour. A Paris
en parlement le vingt-ſixieſme Iuillet mil ſix cens
quarante-neuf. Signé, DV TILLET.

Extraict des Regiſtres du Conſeil d'Eſtat.

SVR ce qui a eſté repreſenté au Roy eſtant en ſon
Conſeil, par les Preuoſt des Marchands & Eſcheuins de la Ville de Paris, Que quoy que le Receueur
general du Clergé ſoit obligé de fournir entre les
mains des payeurs des rentes de ladite Ville, aſſignées
ſur ledit Clergé, la ſomme de Quatorze mil deux cens
quarante-ſept liures pour chacune ſemaine, pour le
payement des arrerages deſdites rentes: & que par la
Declaration de ſa Majeſté du 22. Octobre dernier, les
proprietaires deſdites rentes doiuent eſtre payez de
deux quartiers & demy; Neantmoins ledit Receueur
general, quelque diligence que leſdits Receueurs &
payeurs faſſent contre luy, ils ne peuuent en tirer payement, eſtant demeuré en reſte de treize ſemaines quatre iours: ce qui fait que leſdits Preuoſt des Marchands
& Eſcheuins reçoiuent de grandes plaintes des proprietaires deſdites rentes, à cauſe de ce retardement,
qui eſt contre l'intention de ladite Declaration. Requeroient qu'il pleuſt à ſa Majeſté y pouruoir, & ordonner que ledit Receueur general ſera inceſſamment
contraint an payement de ladite ſomme, à laquelle
montent

montent lefdites treize femaines quatre iours : enfemble à ce qu'il doit fournir pour le courant : Oüy le rapport du Commiffaire à ce deputé; Et tout confideré, SA MAIESTE' ESTANT EN SON CONSEIL, la Reine Regente fa Mere prefente, a ordonné & ordonne que ledit Receueur general du Clergé continuëra le payement du fonds defdites rentes affignées fur le Clergé, entre les mains des Receueurs & Payeurs d'icelles, fur le pied de Quatorze mil deux cens quarante-fept liures par chacune femaine, ainfi qu'il a accouftumé : Lefquelles femaines feront augmentées chacune de Quatre mil liures, à commencer au 12. du prefent mois de Iuillet, pour remplacer lefdites treize femaines quatre iours dont il eft en refte, & continuëra ladite augmentation iufques à ce qu'elles foient entierement payées : à quoy faire le Receueur general fera contraint, comme pour les deniers & affaires de fa Majefté; pour eftre les deniers defdites treize femaines quatre iours, diftribuez aufdits Rentiers fur les quartiers qui n'ont efté acquittez, & fans preiudice des inftances intentées contre ledit Receueur general du Clergé, pour le fonds defdites rentes des années precedentes. FAIT au Confeil d'Eftat du Roy, tenu à Compiegne le dixiefme Iuillet mil fix cens quarante-neuf. Signé, PHELIPEAVX. *Et plus bas eft efcrit*, Regiftré, pour eftre executé felon fa forme & teneur, fuiuant l'Arreft de ce iour. A Paris en Parlement le vingt-fixiefme Iuillet mil fix cens quarante-neuf. Signé, DV TILLET.

E

Extraict des Regiſtres du Conſeil d'Eſtat.

SVR ce qui a eſté repreſenté au Roy en ſon Conſeil, la Reine Regéte ſa Mere preſente, Par le Preuoſt des Marchands & Eſcheuins de la Ville de Paris,
Qu'ayant ordonné par ſon Arreſt du 12. Iuillet 1649.
qu'il ſeroit payé pour l'année 1648. vn quartier des
rentes aſſignées ſur les Tailles ; Et pour ladite année
1649. deux quartiers ; neantmoins par ledit Arreſt il
n'y auoit autre fonds deſigné, que celuy qui prouient
des Generalitez d'Orleans & de Moulins, qui n'eſt ſuf-
fiſant pour acquitter leſdits deux quartiers, eſtant be-
ſoin de plus grand fonds. Requeroient dés à preſent
eſtre pourueu d'autres Generalitez pour le payement
de deux quartiers deubs: Et que par Arreſt dudit Conſeil du 10. iour de Iuillet, ſa Majeſté auroit ordonné
qu'il ſeroit fourny par les Adiudicataires des Aydes la
ſomme de Trente-trois mil liures ſeulement, au lieu
de Trente-ſept mil cent treize liures, neceſſaires pour
le payement de deux quartiers & demy, tant des anciennes que des nouuelles rentes, gages, droits, taxations & eſpices, & que les Vingt mil liures portées
par ledit Arreſt, n'eſtans affectez qu'au payement des
quartiers de Ianuier 1630. & Octobre 1644. il eſtoit ne-
ceſſaire de faire fonds pour les rentes dudit quartier
d'Octobre 1629. des anciennes rentes, & non encores
acquittées par leſdits Adiudicataires: Et que par autre
Arreſt du 10. du meſme mois, auroit eſté ordonné que

les Fermiers & Adiudicataires des Gabelles payeroient Quatre-vingts huict mil huict cens vnze liures douze fols par femaine, à commencer au premier Octobre feulement: & que les quartiers de Ianuier 1645. & Iuillet 1641. feroient payez, & dix-huict mois à commencer au premier Iuillet 1650. n'eftans lefdits Adiudicataires obligez par ledit Arreft de faire les fubmiffions. Requerans, qu'au lieu du premier Octobre, que l'ouuerture foit faite au dix-neuf Septembre prochain, afin de ne point interrompre l'ouuerture des quartiers, & que lefdits quartiers de Ianuier 1645. & Iuillet 1641. foient payez en douze mois; & ainfi que lefdits Adiudicataires faffent de nouuelles fubmiffions au Greffe de ladite Ville, pour l'execution de l'Arreft donné ledit iour dixiéme Iuillet dernier. SA MAIESTE' ESTANT EN SON CONSEIL, la Reine Regente fa Mere prefente, a ordonné & ordonne, Qu'à l'efgard des rentes des Tailles, il fera affigné au fonds dans le mois de Mars prochain, pour le payement des deux quartiers des rentes, gages, droits & taxations, & du total des efpices, pour eftre lefdits deux quartiers payez par fepmaine, à commencer du premier iour d'Auril 1650. & finir au dernier Mars 1651. conformement audit Arreft, foit fur les deux Generalitez d'Orleans & Moulins, ou autres fi elles ne font fuffifantes. Et quant aux rentes des Aydes, fera fourny par lefdits Adiudicataires d'icelles la fomme à laquelle fe trouueront monter deux quartiers & demy des anciennes & nouuelles rentes, le total des efpices, les gages, droits & taxations des Receueurs &

Payeurs ſuiuant les Declarations dernieres, à commencer au cinquiéme Octobre & premier Nouembre prochain, ſeront employez pour le payement du quartier
d Octobre 1644. Ianuier 1630. & ce qui ſe trouuera
deub de reſte pour le payemét des quartiers precedens.
Et pour ce qui eſt des rentes aſſignées ſur les Gabelles, fourniront leſdits Adiudicataires la ſomme à laquelle ſe trouueront monter deux quartiers & demy
des anciennes & nouuelles rentes, le total des eſpices,
& les gages, droits, taxations des Receueurs Payeurs
ſuiuant les Declarations des mois de Iuillet & Octobre
1948. & ce par ſepmaine, à commencer au dix-neuf
iour de Septembre prochain, & à faute d'y ſatisfaire ledit temps eſcheu, ſeront contrains en vertu des ſubmiſſions cy-deuant faites au Greffe de ladite Ville : Et
au ſurplus, leſdits Arreſts concernans le payement
deſdites rentes, ſeront executez. FAIT au Conſeil
d'Eſtat du Roy, ſa Majeſté y eſtant, la Reine Régente
ſa Mere preſente, tenu à Compiegne le 24 iour de Iuillet 1649. Signé, DE GVENEGAVD. Et encore eſt écrit:
Regiſtré, pour eſtre executé ſelon ſa forme & teneur,
ſuiuant l'Arreſt de ce iour. A Paris en Parlement le
26. Iuillet 1649. Signé, DV TILLET.

LOVIS par la grace de Dieu Roy de France &
de Nauarre, au premier des Huiſſiers de noſtre
Conſeil, ou autre Huiſſier ou Sergent ſur ce requis ;
Nous remandons & commandons que l'Arreſt dont
l'Extraict eſt cy-attaché ſous le contre-ſeel de noſtre Chancellerie, ce iourd'huy donné en noſtre
Conſeil

Conseil d'Eſtat : Nous y eſtans , la Reine Regente noſtre tres honorée Dame & Mere preſente ; Sur ce qui
nous a eſté repreſenté par le Preuoſt des Marchands
& Eſcheuins de noſtre bonne Ville de Paris , Tu ſi-
gnifie à tous qu'il appartiendra, à ce qu'ils n'en pretendent cauſe d'ignorance. Et faits pour l'execution
d'iceluy tous commandemens , ſommations , con-
traintes, conformément audit Arreſt, defenſes & autres Actes & Exploits neceſſaires, ſans autre permiſ-
ſion : CAR tel eſt noſtre plaiſir. DONNE'à Compiegne le vingt-quatriéme iour de Iuillet, l'an de grace
mil ſix cens quarente-neuf, & de noſtre Regne le Se-
ptieſme. Signé , LOVIS. Par le Roy, la Reine
Regente ſa Mere preſente, DE GVENEGAVD.

Extraict des Regiſtres du Parlement.

CE iour la Cour aduertie , Que les Preuoſt des
Marchands & Eſcheuins de cette Ville eſtoient
au Parquet des Huiſſiers, demandoient à parler à ladite Cour, ont eſté fait entrer, & dit, ledit Preuoſt des
Marchands portant la parole , qu'ils apportoient les
Arreſts du Conſeil donnez pour le payement des rentes aſſignées ſur l Hoſtel de ladite Ville, eux retirez :
Ouy le recit fait par Monſieur le Premier Preſident,
Que leſdits Arreſts eſtoient aux termes de ce qui a-
uoit eſté concerté auec les Deputez de la Cour : Et veu
leſdits Arreſts donnez à Compiegne au nombre de
ſix, dont quatre ſont dattez du dix de ce mois , vn

du quinze, & l'autre du vingt-quatriefme de cedit
mois & an. La matiere mife en deliberation : LADI-
TE COVR a arrefté & ordonné, Que lefdits Arrefts
feront regiftrez au Greffe d'icelle, pour eftre executez
felon leur forme & teneur. Enioint aufdits Preuoft
des Marchands & Efcheuins tenir la main à l'execution, & en cas de contrauention, en aduertir la Cour :
Et feront lefdits Arrefts, & le prefent à la diligence dudit Preuoft des Marchands imprimez, à ce qu'aucun
n'en pretende caufe d'ignorance. FAIT en Parlement le vingt-fixiéme Iuillet mil fix cens quarante-
neuf. Signé, DV TILLET.

Collationné aux Originaux par moy Greffier
de la Maifon de Ville de Paris, fouffigné.